VARIÉTÉS.

QUESTIONS EMBARRASSANTES.

C'est, à ce qu'il paraît, un bon métier que celui de député. Je ne sais pas au juste ce qu'il rapporte ; mais je m'aperçois que, lorsqu'on en a une fois goûté, on ne veut plus le quitter. Voyez vos 221. Ils soupiraient, vous disaient-ils, après les douceurs de la vie privée. On ne pouvait assez tôt dissoudre leur chambre. Eux aussi, ils avaient l'air de se sacrifier pour vous et de n'être là que par pur dévouement.

L'ordonnance de dissolution n'est rendue que depuis vingt-quatre heures. Et, depuis deux mois, ces Curtius de nouvelle espèce mendient de nouveau les suffrages de leurs commettans, et se recommandent très-humblement à la charité électorale ; mais ils ne trouvent plus des électeurs d'aussi facile composition. Il est passé le temps où, pour être réélus, il leur suffisait de dire : Nous avons voté la fameuse adresse. On exige d'eux une déclaration de principes bien précise, bien nette, sans équivoque et sans ambiguité. On les met sur la sellette, et on les y tient fort long-temps ; mais, au lieu de répondre catégoriquement aux questions qui leur sont adressées, ils cherchent à se sauver à travers les buissons ; ils vous parlent de leurs *antécédens,* et croiriez-vous qu'ils ont encore le front de soutenir que sans eux la France était perdue sans ressource ? Mais la France ne sait que trop bien comment ils l'ont sauvée, et d'ailleurs l'histoire ne dit pas que les oies qui sauvèrent Rome aient obtenu, pour prix de ce service, des places de sénateurs.

Un candidat se présente aux électeurs de Troyes. Ce sont de si bonnes gens que ces Champenois ! Il croit qu'avec eux toute explication sera inutile, mais il compte sans son hôte. Les Champenois, surtout les Troyens, sont devenus de rudes questionneurs. — Votre nom ?

— Casimir Périer. — Votre profession ? — Banquier et jusqu'à la nouvelle lune politique, ministre et président du conseil de Louis-Philippe, roi des Français, qui a un coq sur son écusson. — Que demandez-vous ? — L'honneur d'être votre député. — Autant vous qu'un autre ; vous nous convenez assez ; vos coups de boutoir nous plaisent. Nous n'aimons pas les émeutes, et nous voyons avec plaisir qu'avec vous, du moins à Paris, elles passent assez mal leur temps. — Pour les apaiser, j'emploie un moyen fort doux ; je fais jouer les pompes. — Bien, très-bien ; mais comme vous l'a dit un goguenard carliste, quand les seringues pourront suffire, servez-vous-en. C'est la véritable artillerie du juste milieu. Parlons maintenant de choses plus sérieuses.

Nous voulons un député qui fasse nos volontés et non les siennes. Comment voterez-vous ? — Sur quoi ? — Voterez-vous contre l'hérédité de la pairie, pour l'admission des capacités dans la loi électorale et pour la liberté de l'enseignement ? Ne demanderez-vous qu'une liste civile de dix millions ? On croit dans ce pays-ci que dix millions, sans aucune retenue, doivent suffire à un roi, délégué du peuple, qui en a déjà six, et qui d'ailleurs est économe et ne jette pas son argent par les fenêtres. Voyons, répondez et ne biaisez pas. Oui ou non. — Messieurs, vos questions sont bien graves, et, comme je vous le prouverai demain dans le *Moniteur*, elles ont besoin d'être long-temps méditées. — Eh bien ! touchez là ; vous ne serez pas notre député. Nous vous entendons. Les Champenois ne sont pas si bons que le proverbe les fait : il n'y a plus aujourd'hui de moutons en France, pas même en Champagne.

Un autre candidat s'adresse aux électeurs de Lisieux, et, comme leur bienveillance lui est connue, il se flatte qu'ils le prendront sans conditions. C'est M. Guizot, notre fameux professeur d'histoire et de géographie. Les électeurs, après lui avoir demandé combien il y a de lieues de Paris à Gand, lui dirent avec beaucoup de douceur :

Vous connaissez sans doute les questions que nos amis de Troyes ont faites à M. Casimir Périer. Qu'en pensez-vous ? répondez, et surtout point de détours, car nous ne les aimons pas. Nous sommes Normands. — Je pense, messieurs, comme mon illustre maître, M. Royer-Collard. — Et que pense-t-il, votre illustre maître ? — Messieurs, ce profond penseur pense que, dans des affaires si délicates, il ne faut pas se décider légèrement, et moi, son élève, je n'y ai pas encore pensé assez long-temps pour pouvoir vous dire ce que j'en pense. — Voilà, M. Guizot, une réponse par trop normande, et puisque vous n'en avez pas d'autres à nous faire, Dieu vous bénisse. Nous n'avons rien à vous donner. Vous êtes trop fin normand pour nous.

Quels qu'ils seront, hommes du mouvement ou de la résistance, nos nouveaux députés ne manqueront pas d'occupation. Ils auront, comme on peut déjà le voir, à prononcer sur des questions d'une si haute importance que tout notre avenir y est attaché. Un grand procès, celui de la première chambre, sur laquelle la seconde s'est, l'année dernière, donné sans façon droit de vie et de mort, sera d'abord porté devant eux, et, si vous êtes curieux de savoir comment ils le jureront, je puis vous l'apprendre.

Il n'y a plus aujourd'hui que la chambre des pairs qui nous sépare de la république. Les hommes du mouvement, qui le savent, vont donc demander à grands cris qu'elle soit supprimée. Ils prouveront même, et assez bien, que c'est une des plus impérieuses conséquences de la révolution de juillet qui, diront-ils, n'a pas été faite pour le triomphe de vos aristocratiques seigneuries ; mais, afin de ne pas trop s'écarter du juste milieu, on les priera à mains jointes de modérer un peu leurs prétentions, et de vouloir bien, pour le moment, se contenter d'un moindre sacrifice. L'hérédité de la pairie sera supprimée, et le parti de la résistance s'en croyant quitte à bon marché, nous dira fièrement : « Voyez

» comme je résiste ! » Oui, en reculant toujours, non pas pour mieux sauter, mais pour tomber plus lourde-ment.

Ainsi s'accomplira l'une de nos premières prédictions. Quand nous avons vu nos nobles pairs applaudir, eux aussi, à la révolution de juillet, nous les avons avertis que c'était de leur part une générosité d'autant plus grande ou d'autant plus sotte, qu'à coup sûr cette révolu-tion serait peu reconnaissante et les paierait fort mal de l'appui qu'ils lui prêtaient. Nous sommes-nous trompés ? Depuis dix mois, elle les outrage, et dans quelques jours elle les tuera ; car il s'agit pour eux d'être ou de ne pas être. Croyez-vous qu'ils puissent survivre à leur dé-gradation ? Ce sont des hommes de cœur, ils ne voudront pas perdre à la fois et l'hérédité et l'honneur. Vous me direz ensuite comment d'une décision de la seconde cham-bre, on fera, sans l'approbation de la première, une loi de l'état ? C'est une difficulté que nos constituans de 1830, législateurs-myopes, n'ont pas même aperçue.

Le moment d'une chambre unique n'étant pas encore venu, vous aurez, il est permis de le supposer, une chambre des pairs à recréer. Et par qui les pairs seront-ils nommés ? il y a un an, ce n'eût pas été une question, c'en est une aujourd'hui. Il n'y a plus en France, quoi-qu'on l'oublie quelquefois, d'autre souverain que le peu-ple, qui entend que sa souveraineté ne soit pas comme ailleurs une fiction mais une réalité ; cela étant, confierons-nous à notre délégué, qui en a déjà tant d'autres, le droit de nommer tous les membres d'une de nos chambres délibérantes ? Ne vous semble-t-il pas que nous ferions mieux de la garder pour nous et de l'exercer directe-ment ? Beaucoup d'avocats que j'ai consultés ont été de cet avis ; mais deux chambres ayant la même origine, deux chambres démocratiques ne nous conduiraient-elles pas au galop à ce que nous voulons éviter ? La république n'est-elle pas au bout ?

On nous dit pour nous rassurer que nous trouverions

dans l'âge de nos pairs ou sénateurs, nommez-les comme il vous plaira, peu m'importe, une garantie de leur sagesse; belle garantie vraiment, dans un temps d'épidémie morale où les leçons de l'expérience sont perdues pour tous, où l'on vieillit sans mûrir, où enfin les vieux sont aussi fous que les jeunes! Je ne sais pas trop quel est l'âge du grand citoyen que nos républicains désignent comme devant être leur président, mais, à coup sûr, il n'est pas très-jeune, il a depuis bien long-temps toutes ses dents de sagesse; en est-il beaucoup plus sage?

Le milieu, le juste milieu, c'est à lui, ses partisans ne cessent de le crier, qu'il faut toujours revenir. Le roi, le délégué, nommera avec notre permission une moitié des pairs. Les députés nommeront l'autre. Ou, si vous aimez mieux, le roi présentera trois ou cinq candidats parmi lesquels la chambre des députés choisira le plus digne ou le plus intrigant. Voyez laquelle de ces deux combinaisons offre le moins d'inconvéniens? Quant à moi, si ce n'était le respect que je dois au juste milieu, je dirais que l'une ne vaut pas mieux que l'autre; mais la faute est à cette malheureuse révolution de juillet qui, avec son principe, nous a jetés dans des embarras dont, quoi que nous fassions, il nous sera impossible de sortir.

Vous aurez encore à examiner si vos pairs seront nommés à vie ou seulement pour cinq ans comme vos députés. *A vie,* c'est bien long, bien désespérant pour ceux qui attendent. On meurt si tard quand on est fonctionnaire à vie! Si vous cherchez un exemple de longévité, c'est toujours parmi les fonctionnaires à vie que vous le trouvez. Je ne sais comment on arrangera cette affaire; mais, si les pairs de France ne sont pas assez souvent renouvelés pour que chacun puisse espérer de l'être à son tour, on fera nécessairement beaucoup de mécontens.

Il y a aujourd'hui tant d'ambitions, et des ambitions si démesurées à satisfaire! *Quò non ascendam?* où ne monterai-je pas? Il semble que depuis la révolution de juillet, tous les Français aient pris cette devise. Et faut-il s'en étonner? Nous avons vu, nous voyons encore tous les jours de si étranges révolutions ! On assure que, depuis que M. de Montalivet est ministre, tous les commis surnuméraires sèchent de jalousie. Je m'y attendais.

On objecte que des pairs nommés pour un temps si court seront dans la dépendance du gouvernement ; mais voyez vos derniers députés. N'ont-ils pas montré dans l'exercice de leurs fonctions une noble et généreuse indépendance ? En cite-t-on un seul qui ait recherché les faveurs du gouvernement ? Je sais que quelques-uns ont été faits conseillers-d'état, préfets, procureurs-généraux.., mais croyez bien que c'est malgré eux. La persuasion n'a pas suffi. Il a fallu, pour leur faire accepter de si belles places et de si gros traitemens, user de violence.

Quand on en aura fini avec la pairie, on passera à la liste civile. Ce n'est pas tout de faire un roi ; il faut le renter, lui donner de quoi vivre et bien vivre. Tel est mon avis. Je sais qu'un roi citoyen, un roi bourgeois, comme ils disent, doit être plus modeste qu'un autre; mais encore faut-il que ce roi ait une certaine représentation et qu'il puisse quelquefois inviter, s'il en a, ses amis à dîner. M. Laffitte nous a proposé de porter la liste civile à 18 millions. On en a été scandalisé : on a crié à la prodigalité.

En effet, dix-huit millions pour gouverner une nation si aimable et si facile à gouverner, la somme est grosse, et je m'étonne qu'un ami du prince l'ait demandée. La popularité de ce prince pouvait en être grièvement endommagée ; mais le plus grand de nos philosophes, Lafontaine l'a dit :

> Rien n'est si dangereux qu'un ignorant ami ;
> Mieux vaudrait un sage ennemi.

Les électeurs de Troyes, en Champagne, proposent, eux, une liste civile de dix millions. Passe encore ; avec dix millions, un riche patrimoine, et les domaines de la couronne, un roi qui sait compter et ne gaspille pas son bien, saura, comme on dit, joindre les deux bouts. Mais d'autres ne sont pas si généreux. Ils pensent qu'on peut, même sans dévouement, nous gouverner à meilleur marché. Viennent ensuite les républicains qui vous disent que le président des Etats-Unis ne reçoit que cent et quelques mille francs, et se croit très-grassement payé; mais, quoique nous en soyons menacés, nous, nous n'avons pas encore une république et un président. En vérité, si on les écoutait, Louis-Philippe ne pourrait pas avoir un carrosse et serait obligé de prendre une demi-fortune et d'y faire graver son coq. Convenez qu'il serait beau de voir un roi de France ou des Français avec un pareil équipage ! Les enfans le suivraient en criant..... Je ne veux pas dire ce que les enfans crieraient.

La nouvelle chambre en décidera, mais après de longs et assez tristes débats où les bienséances ne seront peut-être pas très-scrupuleusement observées. Un député proposera, je le suppose, quinze millions; un autre en rabattra quatre; et moi, dira un troisième, j'en rabats six.... Enfin, on aura l'air de mettre la royauté de juillet au rabais, ce qui ne sera pas très-agréable pour elle.

J'avoue que si j'étais, malheur dont je prie le Ciel de me préserver, Roi des Français, je n'aimerais pas à me voir marchander ainsi, et je crois que, dans un moment d'humeur, je dirais à ces gens-là : gardez votre liste civile, et je vous gouvernerai *gratis*. Oui, je le dirais, si je ne craignais pas d'être pris au mot.

On a encore demandé à M. Casimir Périer s'il voterait pour l'admission des capacités dans la loi électorale, et, pour ne pas se compromettre, il n'a répondu ni oui ni non. La question, en effet, est fort embarrassante. On ne sait quel parti prendre avec ces capacités. Il ne faut pas, dit-on, les laisser en dehors. Elles y sont trop dangereuses ; mais, quand elles demandent à entrer, on leur ferme la porte. Voyez donc où vous placerez ces capacités que vous ne voulez ni en dehors ni en dedans. Le juste milieu me paraît ici fort difficile à trouver.

Quant à la liberté de l'enseignement, il n'y a plus à délibérer. Une des dispositions particulières de la charte de 1830 dit expressément *qu'il y sera pourvu dans le plus court délai possible*. Cette liberté est donc reconnue en principe ; et je ne vois pas pourquoi M. Casimir Périer hésite à déclarer qu'il votera pour elle. Est-ce que par hasard il voudrait nous la souffler ? Nous y veillerons. COLNET.

(Extrait de la Gazette de France, *du 7 juin 1831.)*

VENDÉE.

DESCRIPTION DU BOCAGE.

Ce pays diffère, par son aspect, et plus encore par les mœurs de ses habitans, de la plupart des provinces de France. Il est formé de collines en général assez peu élevées, qui ne se rattachent à aucune chaîne de montagnes. Les vallées sont étroites et peu profondes. De forts petits ruisseaux y coulent dans des directions variées : les uns se dirigent vers la Loire, quelques-uns vers la mer ; d'autres se réunissent en débouchant dans la plaine, et forment de petites rivières. Il y a partout beaucoup de rochers de granit. On conçoit qu'un terrain qui n'offre ni chaînes de montagnes, ni rivières, ni vallées étendues, ni même une pente générale, doit être comme une sorte de labyrinthe. Rarement on trouve des hauteurs assez élevées au-dessus des autres coteaux, pour servir de point d'observation et commander le pays. Cependant en approchant de Nantes, le long de la Sèvre, la contrée prend un coup d'œil qui a quelque chose de plus grand. Les collines sont plus hautes et plus escarpées. Cette rivière est rapide et profondément encaissée ; elle roule à travers des masses de rochers, dans des vallons resserrés. Le Bocage n'est plus seulement agreste ; il offre là un coup d'œil triste et sauvage. Au contraire, en tirant plus à l'est, dans les cantons qui sont voisins des bords de la Loire, le pays est plus ouvert, les pentes mieux ménagées, et les vallées forment d'assez vastes plaines.

Le Bocage, comme l'indique son nom, est couvert d'arbres. On y voit peu de grandes forêts ; mais chaque champ, chaque prairie, est entouré d'une haie vive qui s'appuie sur des arbres plantés irrégulièrement et fort rapprochés. Ils n'ont point un tronc élevé ni de vastes rameaux. Tous les cinq ans on coupe leurs branchages, et on laisse nue une tige de douze ou quinze pieds. Ces enceintes ne renferment jamais un grand espace. Le terrain est fort divisé ; il est peu fertile en grains. Souvent des champs assez étendus restent long-temps incultes. Ils se couvrent alors de grands genêts ou d'ajoncs épineux. Toutes les vallées, et même les dernières pentes de coteaux, sont couvertes de prairies. Vue d'un point élevé, la contrée paraît toute verte ; seulement au temps des moissons, des carreaux jaunes se montrent de distance en distance entre les haies. Quelquefois les arbres laissent voir le toit aplati et couvert de tuiles rouges de quelques bâtimens, ou la pointe d'un clocher qui s'élève au-dessus des branches. Presque toujours cet horizon de verdure est très-borné ; quelquefois il s'étend à trois ou quatre lieues.

Dans la partie du Bocage qui est située en Anjou, la vue est plus vaste et plus riante. Les cultures sont plus variées, les villes et les villages plus rapprochés. C'est surtout le Bocage du Poitou, que j'ai voulu faire connaître.

Une seule grande route, qui va de Nantes à la Rochelle, traverse ce pays. Cette route, et celle qui conduit de Tours à Bordeaux, par Poitiers, laissent entre elles un intervalle de plus de trente lieues, où l'on ne trouve que des routes de traverse. Les chemins du Bocage sont tous comme creusés entre deux haies. Ils sont étroits, et quelquefois les arbres, joignant leurs branches, les couvrent d'une espèce de berceau. Ils sont bourbeux en hiver, et raboteux en été. Souvent, quand ils suivent le penchant d'une colline, ils servent en même temps de lit à un ruisseau ; ailleurs, ils sont taillés dans le rocher, et gravissent les hauteurs par des degrés irréguliers. Tous ces chemins offrent un aspect du même genre. Au bout de chaque champ, on trouve un carrefour qui laisse le voyageur dans l'incertitude sur la direction qu'il doit prendre, et que rien ne peut lui indiquer. Les habitans eux-mêmes s'égarent fréquemment lorsqu'ils veulent aller à deux ou trois lieues de leur séjour.

Il n'y a point de grandes villes dans le Bocage. Des bourgs de deux à trois mille ames sont dispersés sur cette surface. Les villages sont peu nombreux et distans les uns des autres. On ne voit pas même de grands corps de ferme. Le territoire est divisé en métairies : chacune renferme un ménage et quelques valets. Il est rare qu'une métairie rapporte au propriétaire plus de 600 fr. de rente. Le terrain qui en dépend est vaste, mais produit peu : la vente des bestiaux forme le principal revenu ; et c'est surtout à les soigner, que s'occupent les métayers.

Les châteaux étaient bâtis et meublés sans magnificence ; on ne voyait, en général, ni grands parcs, ni beaux jardins. Les gentilshommes y vivaient sans faste, et même avec une simplicité extrême. Quand leur rang ou leur fortune les avait pour un peu de temps appelés hors de leur province, ils ne rapportaient pas dans le Bocage les mœurs et le ton de Paris. Leur plus grand luxe était la bonne chère, et leur seul amusement était la chasse. De tout temps les gentilshommes Poitevins ont été de célèbres chasseurs. Cet exercice et le genre de vie qu'ils menaient, les accoutumaient à supporter la fatigue, et à se passer facilement de toutes les recherches auxquelles les gens riches attachent communément du goût et même de l'importance. Les femmes voyageaient à cheval, en litière ou dans des voitures à bœufs.

Les rapports mutuels des seigneurs et de leurs paysans, ne ressemblaient pas non plus à ce qu'on voyait dans le reste de la France. Il régnait entre eux une sorte d'union inconnue ailleurs. Les propriétaires y afferment peu leurs terres : ils partagent les productions avec le métayer qui les cultive. Chaque jour ils ont ainsi des intérêts communs, et des relations qui supposent la confiance et la bonne foi. Comme les domaines sont très-divisés, et qu'une terre un peu considérable renfermait vingt-cinq ou trente métairies, le seigneur avait ainsi des communications habituelles avec les paysans qui habitaient autour de son château. Il les traitait paternellement, les visitait souvent dans les métairies, causait avec eux de leur position, du soin de leur bétail, prenait part à des ac-

cidens et à des malheurs qui lui portaient aussi préju-
dice ; il allait aux noces de leurs enfans, et buvait avec
les convives. Le dimanche, on dansait dans la cour du
château, et les dames se mettaient de la partie. Quand
on chassait le loup, le sanglier, le cerf, le curé aver-
tissait les paysans au prône. Chacun prenait son fusil,
et se rendait avec joie au lieu assigné. Les chasseurs
postaient les tireurs, qui se conformaient strictement à
tout ce qu'on leur ordonnait. Dans la suite, on le menait
au combat de la même manière et avec la même docilité.

Ces heureuses habitudes, se joignant à un bon na-
turel, font des habitans du Bocage un excellent peuple.
Ils sont doux, pieux, hospitaliers, charitables, pleins
de courage et de gaieté. Les mœurs y sont pures ; ils
ont beaucoup de probité. Jamais on n'entend parler d'un
crime, rarement d'un procès. Ils étaient dévoués à leurs
seigneurs, avec un respect mêlé de familiarité. Leur ca-
ractère, qui a quelque chose de sauvage, de timide et de
méfiant, leur inspirait encore beaucoup plus d'attache-
ment pour ceux qui depuis si long-temps avaient obtenu
leur confiance.

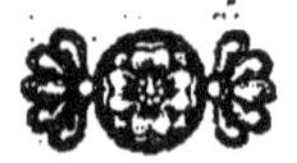

LA MÈRE DE DOULEUR

DEVANT L'IMAGE DE LA VIERGE.

AIR : *Ce matin dans une bruyère.*

Nunc, ô stella maris nostri, nos aspice præsens,
Eripe, tot pelagi penè haustos, fluctibus atris.
(VIDA.)

QUAND tout se tait, quand tout sommeille,
Et sur la terre et dans les cieux,
Vierge, à tes pieds seule je veille,
Le sommeil fuit loin de mes yeux :
Ah ! si comme moi tu fus mère,
Soulage un peu mon cœur souffrant !
Vois mes pleurs, entends ma prière,
Aie pitié de mon pauvre enfant.

Regarde, à présent il repose ;
Son visage est calme et serein ;
Sur sa bouche pure et mi-close
Voltige un sourire divin ;
Il sourit..... Pourtant sa misère
Fait nuit et jour mon long tourment :
Vois mes pleurs, entends ma prière,
Aie pitié de mon pauvre enfant.

Demain, quand la nouvelle aurore
Va luire aux portes du matin,
Les yeux à peine ouverts encore,
Il dira, courant dans mon sein :
« Prions pour la France, ô ma mère !
» On m'a dit qu'elle m'aimait tant ! »
Vois mes pleurs, entends ma prière,
Aie pitié de mon pauvre enfant.

Sur la pourpre, à l'ombre d'un trône
Naguère encore il reposait ;
Il jouait avec la couronne,
D'un sceptre il faisait son hochet :
De tant d'éclat dont j'étais fière,
Que lui reste-t-il à présent ?
Vois mes pleurs, entends ma prière,
Aie pitié de mon pauvre enfant.

Quand la fortune de ses ailes
Hier ombrageait son front royal,
Tous lui jurèrent d'être fidèles,
Député, pair et maréchal ;
Mais lorsqu'a grondé le tonnerre,
Tous ont oublié leur serment :
Vois mes pleurs, entends ma prière,
Aie pitié de mon pauvre enfant.

Livrée à de noires alarmes
Pour les jours de ton divin fils,
Dans l'exil tu portas tes larmes ;
Le Nil aussi vous vit proscrits :
Ainsi, sur la terre étrangère
Nous fuyons le fer du méchant :
Vois mes pleurs, entends ma prière,
Aie pitié de mon pauvre enfant.

Mais dans l'exil et la souffrance
Tous vos jours ne s'usèrent pas ;
Vers Sion, lieu de son enfance,
Ton fils put reporter ses pas.
A nos yeux la France est si chère...
Henri l'appelle en soupirant.....
Vois mes pleurs, entends ma prière,
Aie pitié de mon pauvre enfant.

De l'imprimerie de J. LEBRETON, rue des Lois n°. 3.